고독한 건물

같이 가는 시 010

고독한 건물

손음 시집

같이 가는 기분

시인의 말

차갑고 흰 불꽃 한 다발을 바쳐야 할 사람이 있다.

2024. 겨울, 영도
손음

차례

1부
가면을 쓰지 않으면

환몽幻夢　　　15
까마귀들　　　16
화분　　　17
꽃나무　　　19

2부

고독이 솟구칠 때

고독한 건물_악화　　　23

고독한 건물 □　　　25

고독한 건물 ⌗　　　26

고독한 건물 ▽　　　28

고독한 건물_산책　　　31

고독한 건물_묘박지　　　33

고독한 건물_카페벨라비　　　35

고독한 건물_검정　　　37

고독한 건물_정오　　　38

고독한 건물_정원　　　39

고독한 건물_ㅁ　　　40

3부

가련한 피투성이 문장들

밤의 창고에 등불을 켜는 이가 누구인가   45

고요 속에 파묻힌 정원   47

벚나무 아래 잠든 이가 누구신가   48

사라진 계단   49

죽은 새를 들고 다녔다   51

밤의 희망과 창백한 고요   53

환희   55

파상   57

틈   58

여름의 상자   59

4부
떠도는 사물들

장님 거울 장미가 있는 집*　　　63

페사지 연못　　　65

슬픔이라는 당신　　　68

평화　　　70

장례식장의 신데렐라　　　72

산초　　　74

사라진 피아노　　　76

와잠　　　78

통영　　　80

나는 창문을 기다린다　　　82

주전자　　　85

나의 백 년 전　　　87

5부
내 곁의 더운 혓바닥

밤의 감각　　　91
내 곁의 더운 혓바닥　　　93
나에게 빨간 비둘기 한 마리를 선물해줘요　　　95
영도에　　　96
찔레 극장　　　98
해변의 전문가　　　99
어깨　　　101
글라디올러스　　　103
눈곱　　　105
얼굴　　　106
장갑을 껴야지　　　107

작품 해설 | 김 겸 (시인, 문학평론가)
사물들의 묘박지 혹은 슬픔의 거처　　　111

1부
가면을 쓰지 않으면

환몽 幻夢

밤새도록 도낏자루가 쌓인다
똑똑,
불안이 창문을 열고 들어와 내 곁에 드러눕는다
나는 가난한 불안을 꼬옥 껴안아준다
많이 힘들었구나
꽃밭에는 죽은 백합의 입이 벌어져 있고
백색의 탄흔이 새 나온다
행복이 영영 오지 않았으면!

까마귀들

까마귀들 까악까악 까악까악을 논다 내장을 토해내듯 온몸을 비틀어 전깃줄을 논다 까악까악 뭐든 다 내어놓으란 듯 까악까악은 계속해서 까악까악을 보챈다 우리는 까악까악을 지켜본다 새까만 검정을 지켜본다 까악까악 노을이 흥건하게 발목을 적실 때 무서운 속도로 까악까악까악까악까악까악까악까악까악까악까악까악까악까악까악까악까악까악이 모든 것을 덮친다

화분

버려진 화분에 비가 내린다
두개골 같은 화분에
비가 내린다 전속력으로 내린다
델 것같이 뜨겁게 내린다
손톱을 거꾸로 세우고
비가 내린다 불이 내린다
마당 한가운데 오로지 화분에게만
도착하는 비
투명한 머릿결이
화분 속으로 곤두박질친다
비가 자란다 수북수북 비가 자란다
저곳은 내가 모르는 비의 서식지
쏟아지는 비가 화분을 키운다
화분이 자란다 속성으로 자란다
이미 뜨거워진 씨앗의 심장을 관통했구나

저 화분이 가진 것
저 빈집이 가진 것

화분이라는 이름을 뒤집어쓰고 종일 비를 맞는 저,

꽃나무

벌판에 홀로 서 있는 꽃나무
하늘은 어두웠고 바람이 몹시 분다
가족도 이웃도 하나도 갖지 않은
오직 홀로 추방을 가진 나무
저 꽃나무를 보고 무슨 생각을 해야 하는지 모르겠다
꽃은 아름다움의 가면을 쓰고 있다
가면을 쓰지 않으면 본질은 참혹하다
꽃이 아름답다고 말하려니 두렵다
차라리 꽃나무를 한번 안아 주어야 할까
해가 지는 일은 무책임한 상황이고
저 꽃나무와 나는 무슨 상관을 갖고 있는지 알 수 없다
내가 저 꽃나무를 보지 못했을 때
저 꽃과 나는 적막으로 돌아간다
시간이 빠르게 흘러가고 그것은 빛의 형태를 띤다
오늘 저 꽃이 나에게로 와서 붉게 빛나고

저 꽃은 내 마음에 선명하게 있다
봄이 가고
더 이상 꽃나무가 꽃나무이길 포기하는 계절이 오고
나는 방문을 닫고 악문을 쓰고 있다

2부

고독이 솟구칠 때

고독한 건물

_악화

나는 이 아름다움을 어쩐지 믿을 수 없다 꽃이라는 덩어리 그것은 하나의 불안이고 우울이다 벚꽃이 필 때는 정신이 없다 상가의 점포마다 저녁 배달 준비가 바쁘고 매캐한 양념이 밴 음식 냄새가 고스란하다 저녁 허가 들어오는 창밖은 말할 수 없는 풍경이다 그것은 내 삶이 갖지 못하는 화려함을 반영하면서 슬프다 건물과 나는 나란히 앉아 알 수 없는 생각으로 시간을 보낸다 커튼을 젖혀놓고 벚꽃의 그림자를 본다 창의 안쪽에는 한 사람의 무늬가 있고 며칠째 걱정한 사람의 안부도 가지고 있다 그것은 정확한 자의식 없이도 어떠한 장면을 만들어 내고 있다 창의 건너에는 콘크리트로 만든 조그마한 창고가 들여다보이고 오래된 빨래 더미와 잡동사니와 망가진 의자 등속이 보인다 낡고 초라함이 가지는 아름다움은 무엇인가 벚꽃은 창밖에 있고 나는 창의 안쪽에 서 있다 차갑고 흰 불꽃 한 다발을 바쳐야 할 사람이 있는데 그는 지금껏 돌

아오지 못하고 있다

나는 사무실이 되어 있다 이유를 알 수 없는 한낮의 실수를 생각한다 그건 늘 가지게 되는 미분 덩어리, 내면의 어떤 모나드Monad 같은 것. 밖의 사람들은 흰빛을 머리에 이고 정령처럼 이동한다 벚꽃은 은밀하고 벚꽃은 시끄럽고 벚꽃은 바쁘다 벚꽃은 왜 피어서 지랄인가

고독한 건물 □

아파트 단지의 상가 건물, 복삿집도 있고 옷 수선 가게도 있고 교습학원도 있고 세탁소 혹은 지하의 허름한 밥집도 있고 봄이면 흰 꽃을 매단 벚나무가 있고 믹스커피 한잔 마시며 지나가는 사람들을 바라볼 수 있는 그런 상가, 장사가 안되는 심심한 시간에 스티로폼 박스에 상추를 심고 방울토마토에 물을 주고 삼삼오오 온갖 헛소리와 함께 욕도 하고 담배도 피우는 그런 상가, 그들은 오래도록 상가를 기르고 있다 달이 뜨는 밤 상가의 건물은 저 혼자 생각한다 그들의 통증을 숙주처럼 품고

고독한 건물 🗔

한낮의 소란스러움과 격렬한 대조를 이루는 봄날 저녁의 시간에 나는 무엇을 할 수 있는지 3층 창가의 시절에 나는 막연하고도 시시한 몽상에 잠겨있다가 어떤 해방을 꿈꾼다 점멸하는 신호등과 흑백흑백 건반을 누르듯 마지막으로 한 남자가 건너가고 수도사처럼 서 있는 검 녹색 가로수와 빵집을 나오는 노인 부부는 무위의 사물에는 관심이 없는 듯 느리게 지나간다 피아노 학원 문이 닫히고 계단을 내려가는 소리 노점의 야채상과 젊은 여자들의 치마와 가방이 왁자지껄 사라진다 1층 가건물 지붕의 새끼 고양이가 우는 것과 돈가스집 환풍기는 멈춰 있고 아무도 쳐다보지 않는 상가의 화단에 백색의 징후처럼 벚나무가 꽃을 피웠다 벚꽃이 저렇게 아름답게 피다니 믿을 수 없지 않은가 벚나무 아래서 배달원의 잡담과 담배 연기가 뒤엉킨다 어쩐지 어떤 꿈의 색채가 흐려지면서 나는 나를 여기서 몇 번이고 해방시키려 하지만 나는 내가 원하든

원하지 않든 그들 가운데 남아 있다 벚꽃이 피지만 모든 기대는 가능하지 않다 내 존재의 한 조각이 만일 해방을 가진다면 나는 아무래도 떠날 수 없을 것이다 내가 가지는 해방은 무엇인가

고독한 건물 ▽

예순이 다 된 듯한 그는 마른 몸매에 키가 작은 편이었다 그는 어느 해 여름 이곳에 건물 관리인으로 등장했다 회색빛 점퍼는 단벌이었다 그의 뾰족한 턱선과 날카롭고 작은 눈은 막연하긴 하지만 어떤 진지한 기운이 스며 있는 것 같았다 하지만 그의 얼굴 표면을 딱딱하게 감싸고 있는 좌절의 기운은 더 이상의 내용을 발견하기란 어려웠다 건물은 사거리 중심에 있지만 중세의 교회당처럼 무겁고 낡았다 엘리베이터가 없는 5층짜리 건물은 배달점과 분식집 약국을 비롯한 부동산 조명가게 등이 고만고만하다 누수가 많은 건물의 주차장은 군데군데 양동이가 보이고 그는 사다리를 여기저기 세워놓고 천장이며 배선함 등을 살피며 분주하게 몸을 쓰는 것 같았다 그러다 우연히 상가 상인과 작은 소동의 가운데 있는 그를 목격했다 지하 치킨집 젊은 남자와 싸움이 난 것이다 이소룡 같은 주먹 한 방을 앞세운 그는 젊은 남자를 단번에 제압한 듯 보였다

상처 난 젊은 남자의 얼굴에는 굴욕이 흐르고 있었다 몰려든 상인들이 경찰을 부르자 했지만 젊은 남자는 한사코 만류했다 "면상은 건드리지 않는 법인다." 그가 젊은 남자에게 내미는 손수건 한 장으로 상황은 종료되었다 젊은 남자는 뭔가 있을지도 모르겠다는 표정을 지으며 제자리로 돌아갔다 다시 상가는 이상하리만치 북적대기 시작했다 오토바이 소리가 붕붕대고 전에 없는 활기가 되살아났다 방치된 상가 화단에는 싹이 돋아나고 어쩌다 그와 마주치게 되면 머쓱하게도 그는 모른 척 지나갔다 자기 자신의 본능이 요구하는 것을 굳이 비껴가는 듯했다 어느 오후의 석양 아래서 그는 내가 내다 버린 책더미를 정리하고 있었다 그는 그 중 문예지 한 권을 진지하게 넘기고 있었다 나를 보자 조금 당황한 듯 대뜸, 작가요? 하고 물어왔다 나는 그렇다고 답했다 그는 지금까지 단 한 번도 자신을 위하여 무엇을 한 적이 없는 사람의 표정을 감추려

했다 그의 속눈썹은 조금 떨리는 듯했지만 더 이상의 반응을 생략하는 것으로 내게 상황 종료를 알렸다
그는 온몸으로 무엇으로도 자신을 상징하고 있다

고독한 건물

_산책

 어디로 가야 할까 걸음을 결정하는 것은 낡은 운동화의 일이다 나무는 왼쪽으로 굽어 있고 '유리 주의' 글씨가 쓰인 카페는 문을 닫은 지 오래다 가구며 의자며 찻잔들 그들의 행방은 알 수 없다 생각이 몰려들어 얼굴이 무겁다 속눈썹은 나머지 풍경을 자른다 바다를 떠올리면 우울감이 달아난다는데 모래는 모래이고 파도는 파도를 만드는 일에 집중할 뿐 무엇이든 아름답기만 하면 괜찮은 시절은 지난 것 같아. 어쩌나 허름한 빈 집에서 고독한 낭독회라도 열어야 하나 그것 또한 무용한 일 소용 닿는 것은 무엇인가 평생 내 몸과 내 옷 사이의 공간에 끼여 사는 허무 같은 것. 풀밭에는 눈알 빠진 헝겊 인형의 치마가 버석거리고 나를 둘러싼 검은 풍경들 나뭇잎과 그림자와 벌레와 지금은 어린 승옥이 미정이가 돌아오는 계절, 나는 그들의 오래된 집. 들어와, 문 열어놨어. 나는 집안을 가로질러 간다. 다시 일곱 살 아이가 되다니! 징그러

워라, 언제 다 살아내려나 나는 꽃밭에 서서 대낮에도 캄캄한 등불을 들고 있구나. 이곳은 어디인가. 익숙하고도 낯선 시간이 굴러간다 죽은 이의 인광처럼 올망졸망 불두화가 피었네 너는 꽃이 아니구나

고독한 건물

_묘박지

건물의 시간은 정오부터 석양까지
사각형의 건물은 단순하게 빛난다
하얀 셔츠들의 나부낌과 떠드는 소리 빛의 잔해가 저기
있고 어떤 작업자가 이 공간은 재즈가 어울린다고 말하자
얼굴이 기름한 사람들의 재즈가 시작되었어
사방에서 난입 된 빛과 소나무와 의자와
서랍과 긴 테이블 하나가 오후를 가지고 가지
바다 위의 배들을 관람하는 사람들
저것은 지상에 불시착한 우주선 같아
흰색의 섬은 고독하게 떠도는 주택 한 채
이 순간 어떤 아름다운 형용사를 사용할 수 있겠지만
권태로울 권리와 공허할 권리 사이에서
검고 음울한 노래를 만들 거야
상냥하고 은밀하게 오는 연서처럼
귀로 발목으로 연주되는 슬픔 같은 거

오늘의 날씨는 서쪽에 살림을 차렸군
저곳에 송도가 있네 남항대교가 있네
살아 있다는 은총 현상을 만나는 곳에서
우리는 어떤 몽환의 꿈에 끌려들어 가겠네
바람의 냄새를 따라
배들의 몸은 해가 지는 방향으로 기울어 있고
절망이라는 어제의 기억은 소용돌이 형태로 몰아치지만
모든 것은 두 극단 사이에 있고
이제 그 밖으로 벗어나고 싶지 않아
강렬한 픽션이 몸을 통과하면서

고독한 건물

_카페벨라비

검은 커피는 봄을 모른다 한 줄의 직선이 기차를 보내는 것도 모른다 파도가 제 몸을 치고 있는 줄도 모른다 카페 모퉁이에는 두꺼운 근육을 가진 나무가 자라고 나무는 한 번도 꽃을 가진 적 없지만 가끔 겨드랑이가 가려웠단다 오토바이를 타고 온 서퍼들은 바다로 나가고 구름은 낮게 들어오고 피아노는 혼자서 유키구라모토 유키구라모토, 이동하는 새의 모습 해변의 사람들은 해변의 사람들, 골목과 골목의 식당들, 역사로 들어가는 모퉁이 외건물이 그늘에 잠긴다 왼쪽 공터를 돌아서면 그 자리에 들이치는 사물이 너무 맑아 마음이 마음이 아닌데 세월은 곱게 늙어가고 창의 바깥과 안의 경계를 가진 사람들. 예가체프 과테말라 만델링 케냐, 카페는 국경을 이루면서 카페 안에서 카페를 잊은 사람들, 대화는 백 년째 반복되고 있어요 여긴 커피보다 케이크가 맛있군요 햇볕이 뜨겁군요 카페를 태우고도 남겠어요 잔소리가 느는군요 실수로 깨트린

유리잔이고요
날씨가 맑아요 남아 있는 찻잔을 닦으면서 접시를 닦으면서 선반을 닦으면서 검은 커피는 아름다운 기억을 남기지 않기 위해서 최선을 다하면서

고독한 건물

_검정

그는 커다란 나무를 지나 내 방으로 들어온다 불안을 들고 권태를 들고 무엇이든 들고 들어온다 가방도 없이 보따리도 없이 지하철도 택시도 타지 않고 중요한 약속도 물리치고 서둘러 내게로 온다 소파에 앉아 두 주먹을 쥔 채로 그는 자신을 떠든다 쪽팔림 왕따 잔소리와 함께 불안이 오는 것을 지켜보았다고 한다 그는 데시벨을 올린다 이대로 죽어도 좋아, 멋지고 싶었지만 울며불며 피는 꽃처럼 나는 장렬하게 살아 있어. 이제 더 이상 할 말이 없다며 그는 라면을 끓인다 짜증을 내며 하품하며 죽음 같은 거 그게 뭐, 냄비 가득 불안을 들고 그가 후루룩 라면을 먹는다 양치질한다 치아를 허옇게 드러내며 웃는다 불안이 살을 맞대온다 그는 와락 나를 껴안는다 많이 외로웠구나! 옷걸이와 탁자는 담담하고 그는 내 방을 나가지 않는다 그는 내 곁에서 오래 투숙한다 창가의 나무는 검고 나의 긴 머리는 방을 휘감으며 뿌리를 내린다 그는 나를 계속 안으려 한다

고독한 건물
_정오

미시오 당기시오를 지나 계단은 옥상으로 사라진다 정오는 정오라서 라디오를 켠다 여름은 두껍고 무거운 가죽 같다 알루미늄 창으로 검은 전선 하나가 목이 축 늘어진 채 살아 있다 저렇게 외로운 목숨이라니! 정오의 바탕은 저기에 있다 저것은 한여름의 목도리야 파이프야 어떤 혼돈을 만들면서 머리채가 시퍼런 가로수 하나가 가로수를 뛰어간다 검은 개 한 마리가 지켜본다 정오는 어둠의 바깥으로 빠져나간다 다시 계단이 돌아온다 오후에는 아리가또, 일본어 교습소 소년 소녀들의 미래가 시작된다 나는 건너편 저쪽에서 자꾸 이쪽을 만드는 사람 미시오 당기시오, 당기시오 미시오 건물이 가진 언어는 단순하고 아름답다

건물 한 마리가 코끼리처럼 풀을 뜯고 있다

고독한 건물

_정원

정원은 한없이 지속된다 고요와 어둠과 너무 오러 기어다닌 벌레와 고양이의 태도와 정원에는 무엇이든 소멸하고 생성된다 작년에 죽은 배롱나무는 꿈결같이 살다 갔다 꽃은 뿌리의 생각이 치밀어오를 때 가장 아름답다 벽을 흔들며 믿을 수 없는 속도를 밀고 가는 담쟁이는 맹목적이지만 누구나 그런 순간이 있다 나팔꽃은 천천히 자리에서 일어선다 조루로 물을 준다 정원의 발가락이 촉촉이 젖는다 울창한 생각이 몰려온다 행진이다

고독한 건물
_ ㅁ

그는 건너편의 덩치를 본다
안개 속에서 건물의 덩치가 어렴풋하다
덩치는 구부정한 등을 말아 서 있다
문을 열면 바로 좁은 도로와 맞닿은 건물은 굳게 닫혀 있다
덩치는 죽어 있는 동물일지도 모른다
덩치의 털은 바싹 마른 대걸레 같다
덩치는 털 이외에 아무것도 상상하지 못하겠다
덩치는 하루 종일 미동도 없다
누구도 덩치에 대해서 말해주지 않는다
덩치는 누구인가 덩치는 균형을 잡느라 허리를 곧추세워 본다
덩치는 자신을 질문하고 자신을 부정한다
발을 묶고 있는 자 누구인가
덩치는 하나의 의심이다
모든 것은 거짓이다

건물을 장식하던 콘크리트와 창문과 딱딱하게 굳은 피부는 페인트 껍질처럼 떨어져 나갔다
덩치는 무엇인가 덩치가 가진 육체
덩치는 혼자다 그래서 누군가를 사랑할 의무가 없다
사랑한 모든 이가 그늘 속에 남겨진 그를 잊었다
한때 희망에 차서 허위의 해안으로 출발한 적 있다
다가올 안개와 우유부단함의 미래에 관해서도
더 이상 자세한 소식을 듣지 못한다
덩치의 근육이 꿈틀거리지만 덩치의 이름은 그저 덩치일 뿐이다
덩치의 늙은 육체를 생각한다
덩치는 아무도 서 있지 않은 곳에 혼자 서 있다

3부
가련한 피투성이 문장들

밤의 창고에 등불을 켜는 이가 누구인가

창가에 새 한 마리 앉아 있네 미처 떠나지 못한 새가 발이 묶였구나 싶었는데 눈물의 반짝임을 가진 초록 잎사귀라니! 지금은 밤이고 내가 저 잎사귀를 새라고 불러도 되나, 무엇이든 이상한 저녁에 정원의 꽃들은 목이 마르는지 쓸쓸한 빛을 흘리네 나는 오늘 아무 생각도 하지 않고 지냈지만 낮을 기억하는 밤이 나에게 꽃이라든가 새라든가 나뭇잎이라든가 밤의 단어로 나타나 내 곁에 서가의 책으로 찻잔으로 촛대로 앉아 있네 정원에는 은목서가 있고 나는 그가 어떤 방문객인지 눈치채지만 은목서 향기는 정원의 검은 발목을 휘감고 벽으로 담쟁이로 지붕으로 번져가네 밤은 점차 야위어가는 사물들의 뼛속으로 침잠하고

어쩌나, 늦은 밤 스파게티 요리를 하면서 손을 베였네요 나는 차갑고 하얀 손목으로 에이프런에 묻은 손톱만 한 핏방울을 닦고 있네요 루꼴라를 썰고 있었는데 그때 내가

손에 쥐고 있었던 칼날의 생각은 무엇이었을까요 삶은 죽음을 좋아하지 않고 허무를 좋아하지 않고 삶만 좋아해달라고 꽃을 내보내고 강아지풀과 좁은 길의 안개와 노란 달과 막차를 떠나보내는 정류장과 옥상의 빨래와 구두 가방 따위들을 보내오는데 이것은 누구의 은총인가 싶다가도 나는 그런 것들을 무한 받아보는 성실한 수혜자이면서 어떤 괴로운 상상 너머에 있는 중독자였어

꽃은 무엇이고 고양이는 무엇이고 저 별은 무엇인가 나는 어떤 격렬한 단어로 무엇을 써 내려가며 밤을 견딘다 나는 어떠한 다정한 단어로 삶을 내팽개친다 내가 아니더라도 누군가 이 찬란한 생의 수첩을 열어볼 테지만 웅덩이에는 밤의 수초들이 갈색 머리를 거꾸로 처박고 자라고 있을 것이다

고요 속에 파묻힌 정원

빗방울은 이파리를 두드린다 비를 튕겨내는 잎사귀 섬세하게 젖어가는 흙과 수분을 만끽하는 생명체 그것을 바라보는 내 눈동자에 비쳐있을 풍경. 보이지 않는 곳에서 숨을 쉬고 있을 씨앗들을 생각하면 이 생동감은 나의 몫 이 세계는 땅을 움직여 인간을 기른다 꽃이 피고 식물이 자라고 모든 것들의 동시적 전개를 느끼는 나를 지켜보고 있는 저 풍경은 누구인가 종일 비가 반짝인다 죽은 개를 파묻었다 꽃과 새는 가지에서 가지로 옮겨가며 논다 할머니는 죽어서 접시꽃이 되었고 삼촌은 고양이가 되었나 오래된 할아버지는 내 자식의 눈이 되어 있다 고요는 글썽인다 정원에는 마음먹고 돌아오는 것이 있다 그것이 무엇인지 모르겠다 고스란히 귀가 열리고 있다

벚나무 아래 잠든 이가 누구신가

 신축 공사장 언덕의 벚꽃 행렬, 벚꽃 열차를 떠올리며 손을 흔들어주었다 저 흰빛을 흔드는 것은 따로 있다 같이 죽자, 목을 매도 아름다운 계절이 아닌가 언젠가 이 장면에 내가 등장한 적이 있다 시간이 시냇물 같다 김밥을 욱여넣다가 생수를 마시다가 풀밭 근처 염소를 보다가 저 구름 저 말뚝 저 꼭대기로 이어가다가 다시 벚꽃으로 번져간다 봄날의 폭설, 일방적 고백, 이런 문장을 떠올리다니 어처구니없다 벚꽃은 믿을 수 없을 만큼 단순하고 아름답지만 불안을 가진다 벚꽃이 저리도 활짝 핀 것이 이상하지 않은가 우울의 백치를 견딜 수 없어 차라리 저 꽃나무를 베어 말뚝으로 쓰고 조화 꽃을 심으면 어떨까 싶지만, 봄날 벚꽃 아래 잠든 정령들을 깨울 수 없다 떠나간 시간 봄이면 모여서 돌아오는 것들 구덩이를 파면 아버지의아버지어머니의어머니고모의고모동생의동생친구의친구인형의인형신발의신발고양이의고양이가……
언덕의 악화가 지지 않는다

사라진 계단

저녁의 공허에 계단을 던져라 새 한 마리가 가로수의 소실점을 물고 오는 동안 두건을 쓴 남자가 지나간다 탕! 건너편 굴뚝의 총구가 사정없이 당겨진다 연기의 포자가 서쪽으로 쓰러진다 꽃 한 송이가 싸늘하게 식는다 건물의 사람들 발목이 공중에 떠 있다 퇴근을 해야지, 열어 둔 창으로 바람이 차가운 공기를 만든다 저기, 공중에 계단이 떠 있어! 하굣길 세 아이가 소리치는 방향으로 사람들의 목이 구부러진다 가방을 든 사람들이 계단을 타고 어디론가 떠나고 있다 염소, 고양이, 무화과나무, 낮은 지붕 곱사등이 할머니가 차례로 계단을 오르고 있다 계단은 하나씩 지워지면서 생겨나면서 성장하고 있다 비좁은 도로를 지나가는 오토바이 소리가 몹시 시끄러웠다 개 한 마리가 귀를 틀어막고 지나갔다 집으로 돌아가 잠시 쪽잠을 자고 나왔는데 계단은 계단을 쉬고 있었다 희고 검은 이빨을 드러내는 피아노 앞에 악어 한 마리가 턱을 괴고 있었다 나의 천국과 지옥은 한 몸에서 아이를 낳고 서로 사무치는구나 바람에 머리를 부풀리는 사철나무, 어쩌다가 제 몸에 평생 초록만 끌어들였나 애인이 지루하지도 않대? 이해할 수 없는 세계는 나약하구나 여긴 도대체 어딜까 나는 이 저녁을 나온다 이상한 저녁의 일이었다

죽은 새를 들고 다녔다

아주 먼 곳에서 들판이 왔다 비를 데리고 왔다 비는 들판과 함께 곧 사라졌다 무지개를 파는 사람이 있다고 했다 언덕으로 올라갔다 그림을 그리는 사람은 죽은 새를 기르는 중이라 했다 그의 왼손에는 막대사탕 하나가 쥐어져 있다 마을 쪽에서 개짖는 소리가 어두웠다 근처 나무들이 하늘로 진입하고 있었다 상점에서 낮술을 마시는 사람들과 뿌연 유리 화병에는 자잘하게 핀 플라스틱 꽃이 시끄러웠다 작은 공원에는 햇볕을 쬐는 노인의 모자가 있다 기침 소리는 요약되는 중이었다 돌아보면 시치미를 뗐다 전세방 있습니다가 붙은 벽에는 담쟁이 한 가닥이 혀를 날름거리고 있었다 밥 그릇 하나가 엎어져 있었다 큰길로 나와 구청 앞 정류장에서 75번 버스를 기다렸다 동백나무에 죽은 새 한 마리가 앉아 있다 건너편 건물과 건물 사이 그림자가 그만큼 기울어져 있다 3차선 도로에 보도블록 교체 작업이 한창이었다 공사 중 표지판이 있었고

88번 버스가 그 앞을 지나갔다 택시가 지나갔다 지나갔다, 는 문장 앞에 오래 서 있었다 날은 어두워져 오고 있었다 가만히 서서 어디로든 가고 있는 사람이 늘어났다 눈 코 입이 내 육체에서 쫓겨나 거리를 헤매고 있다 검은 가방을 멀리 집어던졌다 죽은 새 한 마리가 높이 날아갔다

밤의 희망과 창백한 고요

보라색과 검은색 사이에 밤은 움직인다
어두운 거리는 해방감과 불안감이 뒤섞이면서
구두 밑바닥에 고이는 적막감은 아무에게도 인지되지 않는다
가로수 잎사귀 망가진 안내판 버려진 장갑
더러운 벤치에 쌓인 전단 따위들
도처에서 끌려 나온 쓰레기 더미. 건물과 건물 사이의 검은 윤곽선과 우연히 마주친 사람의 옷차림을 보게 된다
우리는 무엇으로도 엮인다
잠시 플롯이 뒤엉키면서 지금은 밤의 몸이 열리는 시간
떠도는 사물은 어디든 지극히 연결되어 있으면서 개별적이면서 그러면서 단일한 차원으로 뒤섞인다
우리는 어떻게 지금이라는 시간과 이어져 있는 걸까
그 고리들에 의해 아무도 이 세계를 완벽히 떠날 수 없다
우리는 항상 산다
나무로 살고 먼지로 살고 바람으로 살고 생선으로 살고

할머니로 살고 그 누구로도 산다 쉬거나 잠자거나 죽어서
도 산다
보라색과 검은색 사이에
우수수 밤의 낙엽이 등장한다
온몸에 잠긴 어둠의 입자들을 털어 내버린다
우리에게 다시 무엇이든 불어닥치고 있다
최선을 다해 슬픔이 생겨난다

환희

격발 되듯 피는 꽃과 햇볕은 예민하게 스며들어
어디든 관능적인 색깔이 넘쳐난다
빨주노초파남보 아름다움은 우리를 괴롭히는구나
새로운 슬픔이 함께하며 아무 목적도 소속도 없는
내 시선은 바람과 함께 뒤엉킨다
빨주노초파남보빨주노초파남보
혼란한 꿈속에서 나는 거처도 없이
흐린 낯빛에 박힌 슬픈 안구를 가지고 사는데
그와 나의 또 다른 가능성에는
어떤 매개물도 친근함도 서운함도 없다
빨주노초파남보 모든 것은 결정되어 있고
저 새가 저 꽃이, 미친 듯 달리는 기차의 광기도
빛나는 젊음의 운명도 어차피 결정되어 있다
빨주노초파남보 이 지구가 언제 종말을 맞을지도
결정되어 있을 것이다

그것은 신이 가진 일 이 사실은 중요하지 않다
모든 것은 어차피에서 벗어날 수 없다
어차피는 우리를 때린다 빨주노초파남보
헐렁한 고독과 반복과 함께 너를 기다린다
기쁨이 솟아난다

파상

여름, 폭염 속 멈춰진 차량 행렬 속에서 흐르듯 움직이는 사람들을 본다 검은 가로수와 혓바닥을 할할거리며 끌려가는 개들과 열기를 뿜어내는 자동차들과 열락의 숫자 0 그 속에 갇힌 진공관, 그대로의 도시 풍경을 바라보고 있으면 고통과 굴욕의 빛깔과 인간과 사물들이 하나의 허상이라는 생각. 깊이를 가늠할 수 없는 늪 하나를 가지게 되는 여름, 계속해서 발랄한 권태가 밀려온다

틈

시멘트벽 틈으로 벌레가 들어간다 한 마리씩 두 마리씩 검은 전선처럼 꿈틀거린다 쉼 없이 끊임없이 맹렬하게 느리게 비썩 마른 그 틈으로 벌레들 벽을 열고 들어간다 사흘 밤낮 지나도 벌레들 밖으로 나오지 않는다 밥도 없고 수도관도 없는데 말이다 개미도 공벌레도 쥐며느리도 모두 그 속으로 몸을 밀고 들어갔다고 한다 벽의 몸에는 무엇이 흐르고 있을까 창백한 그의 몸이 감추고 있는 것은 무엇일까 겨울이 가을에게 혹은 여름이 봄에게 은유와 수사를 넘보는 동안 벽의 내용을 흔드는 글들이 넘쳐났다 슬픔을 달라 실패를 달라 불안을 달라 망설임을 달라 어느 날 그 벽의 살을 빼먹고 가늘고 여린 흰 꽃 하나가 피어났다 가뭇없이 벽에 갇힌 죄들이 하나씩 새 나오는

여름의 상자

햇볕이 담장의 목덜미를 파고든다 여름이 덧니처럼 날카롭다
공원이 보이고 우두커니 서 있는 향나무는 오래 보아 키우는 짐승 같다
나무에는 새 떼들 울창하다 떠나지 못하도록 발목을 죄다 묶어두는 사람이고 싶었다 고작 나는,
어제는 비가 많이 왔고 시멘트 바닥에는 볼우물이 패었다
웅덩이에는 방아깨비 한 마리가 지푸라기처럼 떠 있다
달팽이는 천로역정 마당을 기어가는 중이고 하천에는 거꾸로 처박힌 의자가 있고 물결은 수초를 가볍게 돌아나간다
빌라 모퉁이에는 그늘을 평상 깔고 앉은 할머니가 나물을 다듬는다
반바지를 입은 소년이 개를 끌며 그 앞을 지나간다
낯설고도 친근한 시간 앞에 진득한 여름의 엉덩이를 미는 것이 있다

이 모든 반복은 어디서 오는가
숨죽인 듯 권태가 몰려온다

4부
떠도는 사물들

장님 거울 장미가 있는 집*

주인이 버리고 간 빈집에 덩굴장미가 피었다
쓰레기가 넘치는 빈집에게 장미가 꽃다발을 바친다
하지만 집은 아무것도 줄 것이 없는 빈털터리
담장 벽에는 지워지지 않는 것이 있다
××× 죽일 놈! ××× 새끼! 먼지와 더러움과 모욕과
원망에 갇혀 장미는 만들어졌다 빈집은 만들어졌다
아무것도 바라지 않으면서 아무 일도 없었던 것처럼
장미는 핏덩이 꽃을 내놓고 황홀과 절규를 오가는 중이다
집은 쓰레기를 만들며 저주와 모독을 정리 중이다
꿈틀꿈틀 담장에 붉은빛을 적시며 장미가 살고 있다
빈집이 살고 있다
외로워서 장미가 죽는다 외로워서 빈집이 죽는다
서로의 삶을 바꿔가며 놀아가며 빈집과 장미가
나란히 운다 나란히 웃는다

목 졸리듯 목 졸리지 않으면서 빈집과 장미가
이 눈물과 이 찬가들을 기억하며 서로의 감옥을 살며
서로의 감옥을 부수려 한다

헤르비요르그 바스모*의 소설 제목 변용

폐사지 연못

어떤 죄가 절을 사라지게 하였을까
아무도 아는 이를 만나지 못하고
오후의 잔흔은 어지럽다

연못은 무성한 풀숲으로 눈을 가린 채
혼자 누워 연민한다
어떤 죄가 저리 많은 것을 폐기하였을까
연못에 빠져 죽은 목련나무와 동백나무
젊고 아름다운 귀신과
검은 물에 비친 이상한 그림자에 대해
어느 밤 사라진 불상에 대해
초승달 목탁 소리에 대해
이 모든 죄에 대해 말하지 말자

오래된 연못은 무엇이든
내게 고백하고 싶겠지만
어두운 낯빛으로 앓아누워 있을 뿐
어제는 고양이 사체가 오늘은 생나무 가지가
연못의 심장을 누르고 있다

슬픔을 숨기느라 비밀을 숨기느라
무엇이든 받아들이는 시간이 따로 있다
나뭇잎 하나가 툭, 돌멩이처럼 떨어진다

집으로 돌아와 세수하고 거울을 보는데
잠잠 연못이 떠오른다
밥을 먹을 때도 잠을 잘 때도
살아 있다는 것의 질문처럼
나는 왜 이런 것들이 오래도록 슬픈가

헛것처럼 앉아 있다가
결국에는 다시 저 연못의 구멍이다

슬픔이라는 당신

누군가 저 피아노를 힘껏 눌렀을 것이다
먼지와 함께 고독과 함께
온몸을 다하여 전 생애를 다하여
힘껏 자신을 눌렀을 것이다
그 집에는 아무도 살지 않고
피아노를 치는 사람도 없다
피아노는 흑과 백의 계단을 가지고 있었지만
몇 개의 계단을 잃어버렸지만
아무도 망가진 계단을 수선하려 하지 않네

가장 무거운 빗방울이 내리치는 저녁
어떤 배고프고 고독한 짐승이
기억을 빠져나와 꿈속을 빠져나와
밖으로 터져 나가지 못한 자신의 숨을

쾅쾅 도끼 찍고 있네
당신의 연주는 멈추지 말아야 할 슬픔이군요
생이란 원망의 힘으로 밀고 나가는 것
미안해요,
운명은 나누어 가질 수 없으니
모두가 잠든 밤
울음소리인 듯
빗방울은 추락하는 것이 삶 자체인 거죠
당신이라는 한 마리 슬픔을
나도 함께 피아노 쳐요

평화

강을 믿고 식당을 차린다 강을 믿고 사람들이 몰려든다 우리가 얼마 만이냐며 고기를 뜯는다 박수 소리가 우거진다 강을 믿고 나무가 자라고 오리 몇 마리가 자랄 것이다

강을 믿고 쪽파와 부추가 자란다 믿을 수 없는 속도로 자란다 물고기가 헤엄친다 무엇이든 헤엄친다 갈대는 서서 걸어간다 평화는 저렇게 조용한 이름들이 만드는 것

강물은 흘러간다 세월은 누가 만든 것이냐며 노인들 트로트를 듣는다 장윤정이 최고야! 구둣발로 딱딱, 박자를 잡는다 과일 집 여자는 트럭을 세워둔 남자를 다그친다 오토바이 소리가 여자의 악다구니를 빼앗아 간다 평화는 저렇게 시끄러운 구두와 악다구니와 오토바이가 만드는 것

낚시꾼들이 보트를 타고 갔다 그들은 이상하게 발견되었다

그들은 오로지 빨갛게 매운탕을 끓여 먹을 작정이었다

경찰이 다녀갔지만 식당도 쪽파도 과일 집도 떠돌이 개도 트럭도 그들을 모른다 했다 평화는 떠돌이 개와 매운탕과 여자와 식당과 그들이 만드는 것

2021.5월 21일 금요일. 나의 하루가 가진 것이 무엇인지 알기 어렵다

장례식장의 신데렐라

검은 드레스를 입고 K 씨의 문상을 떠났다
택시를 타고 간 곳은 번화한 시내의 병원인 듯싶었다
1층을 지나 지하로 내려갔다 빽빽하게 근조화가 놓여 있었다
자정의 장례식장은 느리고 게으른 시간으로 가득했다
복도에 딸린 거울을 보며 립스틱을 고치고
너무 늦게 온 것이 아닌가 걱정하며 내려갔다
대형 식당 같은 장례식장에 문상객이 잠들어 있었다
삼베 완장을 두른 이도 팔을 베고 잠들어 있었다
여자는 드레스 자락을 훔치며 망자에게 절을 하였다
환한 미소의 망자는 죽음이 두렵지 않다는 듯
여자의 늦은 끼니를 걱정하면서 밥을 내어왔지만
여자는 양념이 묻을까 조심하면서
국밥은 사양하겠다 하였다
문상객은 육개장과 돼지고기와 맥주병과 소주와 함께
술병처럼 쓰러져 있었다

더러는 등을 돌리고 더러는 마주 보면서
뒤늦게 내려놓는 죄를 어쩌냐며
시기와 질투를 내려놓고 흰머리와 주름살과 함께
망자에게 잠을 바치고 있었다

망자의 제단에는 국화와 무성한 생애가 요약되어 있다
자정은 흐르지 않고 대화 상대를 찾지 못한 여자는
기억을 잃어버린 공주처럼 잠의 세계를 따라간다
드레스도 잊고 화장도 잊고
고요와 적막은 장례식장의 덕목이 아니란 걸 잊은 채
드레스는 그들과 함께 망자의 제단에 느리고 긴 잠을 바치고 있다
달팽이가 되어 지렁이가 되어 개구리가 되어

산초

이 장면은 어디서부터 오고 있는 것일까
생선 뼈를 우린 시락국이라니
난 이런 걸 잘 못 먹겠더라
산초가루를 뿌리지만 씨앗의 냄새가 이렇게 장렬하다니
산초의 시간을 맛보는데
죽은 것이 아니라 진짜 살아남기 위해 잠을 선택한 씨앗
의 독백에 어쩐지 기묘한 눈물방울 하나를 저장한다
먹고 사는 일의 오래된 슬픔
이제 먹어서 가벼운 밥을 먹자
뼛속까지 냄새에 뿌리를 내리는 식물이라니
한 그릇 냄새의 폭설을 맞은 뚝배기
시래기라든가 마늘이라든가 데치고 삶고 펄펄 끓는 것에
생을 바친 주인 여자의 손에 절을 해야지
도마의 칼은 공손하게 파를 썬다
날카로움이 분리해 내는 착함과 얌전함

칼은 저렇게 쓰여야 한다는 것
창밖에는 혼자 떠도는 사물들
맨발의 빗소리가 닿는 세계
허공의 혈관을 타고 흐르는 비

벽을 파고 뒤통수만 보여주던 남자의 숟가락질이 멎을 즈음
바깥 세계로 냄새의 폭약이 조금씩 새 나온다
산초 냄새 따라온다 장화를 신고 우산을 쓰고 따라온다

사라진 피아노

피아노 건반을 누르자 향기가 날아들었다
창문을 열어보니 골목은 백합 한 송이
나는 다시 느리고 낮게 피아노를 친다
만개한 향기의 속살이 피아노 속으로 들어온다
한 송이 피아노가 향기를 운다
죽은 시인의 바이브레이션처럼
나는 창문을 닫고 피아노를 친다
나는 골목을 닫고 피아노를 친다
나는 꽃을 닫고 피아노를 친다
피아노 소리는 허공에 고인다
검고 어두운 향기가 내 손목을 휘감는다

피아노는 머릿결
피아노는 눈동자
피아노는 도마뱀

피아노는 골목
피아노는 가방
피아노는 한 사람 건너의 사람 그 건너의 무엇
나는 피아노를 안아본다
피아노는 내게서 사라진다

와잠

벚나무 아래 평상을 놓았지만 그렇게 낙화를 보는 일을 만들어 놓았지만 열무를 뽑느라 파를 뽑느라 부추를 베느라 겨를이 없다 오전에는 이웃집 닭이 마당에다 똥을 싸고 말똥가리 새가 목을 구부려 울고 난리도 아니지만 나는 정말 겨를이 없다

점례 할매가 부엌에다 부침개를 두고 갔어, 그 틈에 퉁치고 평상에 앉았는데 세숫대야 밤새 받아놓은 눈물에 벚꽃의 낙화를 보았다 꽃은 내가 슬플 때 더 이뻐, 잠시 구름을 따라가지만 아무렇게나 살아버려야지

고무장화를 신고 사내같이 낫을 들고 들짐승과 벌레들의 집을 기웃거리며 깻잎을 따느라 방아를 따느라 겨를이 없다 나는 계속해서 겨를이 없다 없을 것이다

산막 한 채를 돌아가는데 생강나무 박태기나무 꽃이 피었다 무엇이든 봄에는 핀다 피고 만다 우리가 저항하지 못했던 것들이 저렇게 순하게 난리다 자욱한 꽃의 포화 속에서 호미를 들고 나는 여전히 겨를이 없다 나는 내가 지나왔던 길을 이해할 수 있다 없다 사이에서 나는 겨를이 없다

저들이 나를 보고 슬몃 꽃피듯 웃는다 웃음은 울음보다 슬픈 귀를 가지고 운다

통영

나는 멀리멀리 통영까지 와 보았다
통영은 고등어처럼 아름다운 몸을 가졌지
나는 어쩌다 생선 같은 눈빛을 갖게 되었을까 싶다가도
삶이 기적의 한가운데 서 있다는 생각
시간이든 마음이든 몸을 갖게 되는 것들
고통을 껴안는 일 슬픔을 누리는 일
골목을 돌아다니다 보면 낮은 어둡고 밤은 맑아
시든 꽃다발을 멀리 던져버리는 식당 주인의 담배와
창백한 표정을 지나치게 된다
통영에는 통영이라는 직업을 가진 사람이 있고
40년 된 늙은 레코드사가 있고
레코드사 문을 밀고 들어오는 대머리 신사가 있고
그는 연인에게 주겠다며 CD를 사고
그의 빈티지한 청혼은 성공했을까 그의 안부가 궁금하지만
세월에 대한 풍문은 더 이상 들리지 않고

통영은 말이 없지 통영은 무엇을 하고 있나
통영에서 통영을 생각한다는 건
오래전 사라진 옷자락과 가방을 찾아다니는 일

나는 창문을 기다린다

벽은 창문이 도망치지 못하도록 못을 치고
저렇게 창틀에다 가두어 두었다
그런데 정작 창문은 사라지고 없다
창문을 목격한 자 누구인가
입구와 출구가 한통속으로 파다한데
고개를 처박은 가로등은 어제의 밤 속에
모르는 척 잠시 머문 적 있는데
나는 그 사이로 팔을 쑥 넣어보는데
창문이 사라지다니 참 이상한 일이야,
창문은 창틀에서 분리되어
어디서 창문의 시절을 보내고 있나
그 앞에서 백일홍이 피고
욕을 하고 구토를 하고
애인과 헤어지고
긴 트럼펫이 울렸다

아름답지만 흰빛의 백합이 졌다
창문을 떠나보낸 벽은 벽창호가 되었다
숟가락이고 가방이고 신발이고 낙서였던
검은 안경의 미스터 창문 씨를 기다린다
기다리는 까닭도 모른 채 기다리느라
세월 다 보낸다

와장창! 추억을 깨버리고도
달려가야 할 일들이 있다면
행방이 묘연한 일들은 구두를 버리고도 지나간다

여보, 이 집을 부수고 새로 지어야겠어요.
창틀은 무너질 듯 다시는 창문을 품지 못하겠지단
웃으면서 울면서

녹슨 창틀은 거기 아름다운 창문이 있었다는 흔적을 오래 가진다

주전자

저렇게 들끓고 있는 것이 있다
가끔 지끈거리는 머리통을
열어 보이기도 하는데
들썩이는 것이 무엇인지 알 수 없다
맹렬한 뜨거움이 가닿는 곳
저 열락의 세계
혓바닥을 날름거리며 어디로 가나
주전자는 허공에 앉아 있고
어쩌나 아무래도 벗어버릴 수 없는 저 머리통을

바람은 덜컹거리는 창문을 따귀 치고 간다
잠잠,
창밖은 구두 소리
쭈글쭈글한 주전자가 난로 위에서 구시렁댄다

저렇게 속을 끓이고도 남은 것이 있다니!
어제는 문짝이 불타고
오늘은 책들이 불타고
세간을 다 태워 먹고도 멀쩡한 난로가
주전자를 내리지 못한다
주전자 연기가 난蘭을 치는 저녁

나의 백 년 전

햇볕은 쏟아지게 내버려두어야지
마당에는 동백이 핀다 진다
눈앞에서 두 개의 세상이 벌어지는 일
그걸 기억하라고 지상에 꽃을 보내온 잔혹한 봄
어쩌라는 말인지
나는 너무 무겁게 살아서
놓치는 일이 많아

여기가 어디든
미리 도착해 있는 이곳
나무든 작대기든 무엇이든 피고 마는 봄
나도 어떻게든 피어나야지
길가에 서서 늙은 기와집 한 채 본다
100년이라니!

화양연화의 시절을 가진 적 있는 집에
어슬렁거리며 들어오는 이야기가 한 둘이 아니다

흙 묻은 삽과 검은 장화 모두 식구 같아서
같이 밥상에 앉히고 싶다 말했는데
그는 내게 이상한 슬픔을 만드는 사람이라 말한다

채반에는 파리 떼가 악착같이 달라붙어있다
안간힘으로 버티는 게 삶이라면
이 쓸쓸함은 누가 만들었나
처음인 듯 아닌 듯
기웃거리는 게 미안해서 돌아서려는데
누구요?
백 년 된 봄 한 채가 묻는다
내가 들킨 게 무엇일까

5부
내 곁의 더운 혓바닥

밤의 감각

뭐든 시끄러운 주체들이 재능을 발휘하는 밤이다
오토바이 소리 자동차 소리 소음으로 이루어진
빌딩들이 어둠에 발목을 묻고 있다

아이의 울음이 자지러진다
옆집에 누가 사나 알아본 적 없지만 울음소리
어떻게든 요약된다

하루가 멀어지면서 감춰지는 것들
꼬리를 토막 치려는데 칼을 어디에다 두었더라?

12시와 1시 사이를 뭐라 말할까
안경과 물컵 가위 파리채 노트북이
가지는 것

뒤로 문장 하나를 숨겨놓았는데
나를 잡으러 오는 것은 따로 있다
잠의 현장을 둘러보는 것은
자정의 일이다

내 곁의 더운 혓바닥

나는 미리 불안이다 불안이 없어서 불안이다 불안은 나의 몸에서 여관처럼 잠을 자고 커피를 마신다 불안은 예쁘고 젊다 늙지 않는다 불안은 화장도 하고 치마도 입고 밥도 먹고 살이 찐다 불안은 나의 여섯 살 흙더미에 반쯤 파묻힌 사금파리, 불안은 나의 열다섯 해변에 떠밀려온 검은 옷, 불안은 내가 스물이고 서른이었을 때 정원에 참혹하게 핀 작약, 불안은 맹렬한 청춘의 번역 비루한 애인의 은유 불안은 수평선 고깃배 한 척 불안은 팔리지 않는 시장의 야채 불안은 창문 불안은 서 있는 가로수 불안은 나뭇잎의 바이브레이션 불안은 신호등의 붉은 장미 불안은 버스를 타고 지하철을 탄다 이 모든 소용돌이 속으로 사라졌다가 다시 나타나는 불안 불안은 운다 웃는다 불안은 내가 마흔이 넘었을 때도 내가 늙어 아줌마가 되었는데도 불안은 엄마처럼 찾아와 불안을 젖 먹인다 불안은 내 어깨를 누르고 내 신발을 신는다 불안은 웃고 떠들고 글을 쓰고 여행을 가고 책을 읽는다 불안은 아름답다 빈집의 깨진 접시와 소파 목욕탕 굴뚝 불안은 먹이를 찾아 날아온 새 한 마리 불안은 가난한 사람들이 나눠 가지는 비밀 불안은 이삿짐 용달 불안은 옆집 아주머니의 흥얼거림 불안은 내가 버린 가방 내가 심어놓은 꽃 불안은 의자에 앉아 언제나 나를 기다린다 불안은 나를 끌어안는다 꽉 끌어안는다 온몸으로 들어와 증상을 만든다 미치도록. 불안은 내 미래까지 찾아와서 끝없이 증상을 만들 것이다 나는 머잖아 내 몸으로부터 쫓겨나게 될 것이다

나에게 빨간 비둘기 한 마리를 선물해줘요

누구십니까 나에게 망명한 저토록 낯선 얼굴은 누구십니까 저 부재자는 나를 밀어내고 자신을 규정하고 있군요 저 얼굴이 원하는 것은 무엇일까요 오늘은 날이 흐리군요 날아가는 새는 검은 색종이 같아요 나는 어쩌다 가난한 지붕을 가졌고요 생화를 살 수 없어 플라스틱 꽃만 기르고 있지요 내일은 날이 흐리군요 왼손에 가방을 들고 오른손에 도끼를 든 당신은 누구십니까 내가 내 얼굴을 어디서 찾아야 합니까 어디로든 떠나기 전에 나뭇가지에도 부엌에도 장롱에도 내 얼굴은 없어요 모레도 날이 흐리군요 최면을 걸어볼까요 나는 꿈속에서 내 얼굴을 봤어요 큰 눈과 뽀글이 파마 내가 확실해요 그걸 가족도 증명하고 증언하더군요 그래도 자신 없어요 당신은 누구십니까 내가 나물과 미역국을 끓이던 흰 시간이 사방으로 움직여요 날이 흐리군요 계속 흐리군요 내 얼굴에 사는 당신은 언젠가 내가 만나게 될 나인가요 미래, 혹은 진짜 나인가요

영도에

영도에서 집은 사람으로 분류된다 ㅁ자나 ㄱ자로 이름표를 달고 살면서 식구 같은 화분 몇 개 키우면서 산다 언덕 위아래, 계단 위아래 쉬지 않고 구성된 집들, 빠짐없이 빼곡하게 촘촘하게 숨 가쁘게 내려다보면 까마득하게 올라오는 집들 내려가는 집들, 허리가 휘어지도록 질문을 가진 집들 서로 내색하지 않는다 성장하는 기억과 기록들 마주치는 노인들과 의문의 짐승들 서로를 울어주면서 웃어주면서 오르락내리락 철공소 박 씨는 죽었는데 간판은 남아 있고 겨울이 오는 동안 여기서는 무엇이든 섬으로 이어진다 한편으로 한 척 두 척 모여서 잠자는 배, 아름다워서 시는 못 쓰겠지만 저 묘박지를 바라보는 일이 직업일 수 있다면야 생활은 청학동 어디 한 칸짜리 집처럼 단순하고 알고 지내는 사람 몇 없지만 해안가 소식처럼 감감 들려올 것이다 나뭇가지에 주택을 이룬 새들을 본다 들고 나는 여러 생각, 조금 남아 있는 슬픔을 사용한다 아무튼 나는 산다 이곳에서. 집이라는 사람과 오래된 사람을 살고 있는 집들 이미 집을 끝낸 집들 죽은 척, 몸을 움직이고 있다

찔레 극장

 찔레는 벤치를 중심으로 핀다 수건돌리기 하듯 빙빙 돌아가며 핀다 멀리 벌판이 달려오지만 공허한 배경일 뿐 지금은 찔레의 시간, 세상은 잠시 밀가루 반죽처럼 부풀어 오른다 빛을 따라 흰 잠이 쏟아지는 하오. 찔레가 피었어, 라고 전화하는 순간에도 찔레는 하얗게 피고 있다 지고 있다 저 흰 빛은 어디서 오는가 나는 잠시 질문을 쥐고 있다

 벤치의 허공에 앉아 찔레의 숨소리 듣는다 찔레는 순하고 말이 없는 꽃, 어려서 죽은 영숙이처럼 슬픈 꽃. 흰옷을 입은 정령들이 서성거린다 너 누구니? 이곳은 점점 낯설어지고 있다 새로워지고 있다 흰빛에 갇혀 있는 동안 휘몰아쳐 오는 것이 있다 오로지 백색의 명령을 수납한 꽃이 펄펄 한여름의 눈보라에 들어갔다 백 년의 시간이 아무렇지도 않다 희고 추운 피안의 여름이 날카롭다

해변의 전문가

한 장씩 파도를 받아본다
파도 속에 무엇이 들어있나
일간지처럼 성실하게 배달되는 슬픔
슬픔을 후벼파고 나면
산문처럼 밀려오는 것들
잠시 동안
눈을 감았는데 생겨나는 노을
어디든 번져나간다

사람들은 해변으로 와서
웃고 떠든다
웃고 떠드는 것만이 그들을 에워싸고 있다
그들은 슬픔을 위로할 줄 아는 전문가

해안선이 뒤엉킨다

오래 슬픔에 붙들려 슬퍼하다 보니
슬픔도 내 몸에 살고 있는 장기臟器라는 생각
속수무책
날마다 나에게 슬픔을 갖다 바치는 것들
슬픔도 무엇도 괜찮다
모래톱에
사람들이 벗어두고 간
발목이 쌓인다
혹시라도 남아 있는 슬픔을 모두 벗어두고 가는
전문가들

어깨

흰 와이셔츠를 입고 담장처럼 서 있었어요 대문 펠을 누르지 못하고 그냥 돌아왔지요 다만 쿠키 한 통만 전해주려고 했어요 담장에는 접시꽃이 피었고 꽃은 허공의 무인도였어요 그 공허를 바라보며 바람이 마련하는 곳과 옆집에서 틀어놓은 수돗물이 검은 뱀처럼 기어가는 시간을 따라갔어요 비를 만났어요 가늘고 흰 빗줄기 한 다발씩 베어다 어디다 쓸까요 분식집에 들어가서 추적추적 국수를 먹는데 뿌연 안경을 벗으며 국수가 이렇게 맛있다니 우리의 이별은 하하하 거짓이군요 국수를 먹는 동안 쿠키를 좋아하는 당신의 파마머리가 지나가고 무엇을, 어떻게 불러보나 했지만 혼자 부풀려진 포플러 나무가 되었군요 분식집을 나서며 추적추적 비 냄새 국수 냄새 또 촌스럽다고 당신 파마머리는 지레 웃겠지만 불가지不可知 시공, 내가 그냥 이래요. 멀리 검은 숲의 안개, 당신, 우산, 신발, 목걸이, 자전거, 개와 고양이, 무너진 담벼락, 이 모든 것들은 지금도 내게로 오고 있어요 내가 전생의 길섶에 두고 온 것일까요 스스로 벅차오르는 고독을 사용해요 내가 이래요. 당신도 나도 모두 전생의 한 때 같은 이 비의 추녀 아래 서 있는 내 몸에 든 과적을 누가 다음과 같이 해석하시오

글라디올러스

글라디올러스가 한 다발 피었는데 아무도 몰라, 이 집은 어둡고 땀이 많이 나서 좋아 어디서 거미가 누워 있겠고 어디서 못생긴 고양이가 졸고 있겠고 이가 빠진 접시는 꽃이 예뻐. 할머니와 나는 이 집에서 십 년을 죽었어, 살았어

할머니, 글라디올러스가 피었어. 얘야, 꽃은 피어서 무슨 소용이야, 그게 뭐 오이야 호박이야 고추야 거둬 먹일 것들이 한 둘이 아니야. 할머니는 글라디올러스에게 화를 내는구나, 나는 할머니를 향해 손나발을 분다 구름이 흘러가는 중이고 낮별이 생겨나는 중이었지. 그때 엄마에게서 전화가 왔어. 할머니는 잘 있다고 말했어 으이든 호박이든 뭐든 잘 있다고 했어.

햇살이 밥그릇에 고봉처럼 솟아오를 때 할머니, 글라디올러스가 피었어, 죽었어 새가 되어 허공으로 날아갔어

꽃과 새가 한 몸에서 태어나는 것이라는 생각을 했어. 그래 할머니가 또 뭐라든 나는 좋아 글라디올러스든 오이든 호박이든. 창문이 없는 이 집이 잠이 많아져서 좋아, 달이 차오르면 내가 도끼로 지붕을 열 거야 할머니, 문제없어 우린 아무 문제 없어 이상한 날이야, 고양이도 죽고 그릇도 죽고 오이도 호박도 뭐든 다 죽었어 이 집은 어둡고 땀이 많이 나서 좋아 나는 더 이상 손나발을 불지 않았어 또 전화가 왔어, 할머니는 잘 있다고 말했어 죽기 딱 좋은 계절이야. 할머니는 다시 태어날 거잖아, 전화가 오지 않았지만 할머니는 잘 있어, 한 다발 글라디올러스가 있는 집에서 사람들아, 할머니는 살았어, 죽었어 그런데 나는 왜 글라디올러스에게 몸을 기대는지 모르겠어, 그게 이상해, 나는 지금

눈곱

한낮의 구름이 목덜미에 떨어진다 바람이 나무를 뒤흔들고 거미가 땅바닥으로 추락한다 혼자 서 있는 나무가 가방을 떨어뜨리듯 잎을 떨어뜨린다 계속해서 떨어뜨린다 전속력으로 떨어뜨린다 세상의 나뭇잎은 여기로 와서 한꺼번에 떨어진다 나뭇잎과 나뭇잎이 서로를 조문한다 지상의 장례식이 저렇게 정교하다니 자동차에 의자에 머리에 식탁에 밥숟가락에 천지에 한 개씩 두 개씩 쌓여가는 것들 지상 낙엽이 뒹군다 낙엽이 한 권의 책처럼 무겁다 지금은 낙엽의 시절 아파트 뒤뜰로 들어가는 길은 흰 가르마 같다 목이 긴 소녀가 고양이 가족에게 둘과 사료를 주고 돌아간다 스르륵 그리움을 앓는다 지붕 낮은 집에서 밥을 먹던 식구들을 떠올린다 눈알 가득 고여 있던 눈물이 알약처럼 떨어진다

얼굴

… 해가 지는군, 중얼거리듯 건어물 가게를 지나는데 예전 동네 사람을 만났다 우연도 인연이지 뭐, 흰 이를 드러내는데 목이 긴 생선 같았다 가자미 몇 마리를 샀다 검은 봉지가 꿈틀거렸다 양념이 빠득한 조림을 하려는데 미리 난리다 저녁 해가 담벼락 하나를 메고 지나간다 키우던 짐승 같아서 오래 바라보았다 그렇게 시장통을 빠져나오다가 쇠를 먹은 불가사리를 밟았다 바닥이 뜨거워지는데 어제의 생각이 버거웠다 슬픈 일은 몸에서 살림을 차린지 오래, 집으로 돌아와 꽃무늬 접시가 잠긴 개숫물을 보았는데 시냇물처럼 맑았다 뽀드득 몇 번이고 사과를 씻어내는데 한 사람 한 사람 내가 씻기는 얼굴이었다

장갑을 껴야지

벌써 목련이 피었는가 했다
흰 장갑 한 무더기 햇볕에 마르고 있다
왼손이라도 쉬어야지
오른손이라도 쉬어야지
누군가의 손목을 벗어난 장갑이
누군가의 손아귀를 빠져나온 장갑이
모처럼 휴일을 만들어
단체로 손을 쉬고 있다
담장 위에서
건조대에서 한꺼번에 손을 널어놓고 있다
무슨 생각을 오래 하는 듯이
생각은 저렇게 손으로 하는 것이다

신문지를 모으고 상자를 묶는 손
용달 운전대 잡는 손

부둣가 상일꾼의 손
병든 개를 쓰다듬는 손
어디에도 장갑이 있었다

성실한 손목이 쓰윽, 장갑을 낀다
집에서 식당에서 공장에서 시장에서
어디에도 장갑이 사라지지 않았다

저렇게 많은 손은 눈물을 갖고 있다
눈물은 손이 만드는 것이다

■ 작품 해설

사물들의 묘박지 혹은 슬픔의 거처

사물들의 묘박지 혹은 슬픔의 거처
−손음 시집 『고독한 건물』의 물질적 상상력

김겸(시인,문학평론가)

 영도에서 집이 "사람으로 분류"(「영도에」)되듯이 이 시집의 사물들은 사람이다. 이때 영도는 부산의 한 지명으로서의 영도影島이기도 하고, 쓰기의 한 방식으로서의 영도零度이기도 하다. 그것은 손음 시인의 시가 대상에 대한 문학적·사회적 관습이나 형식에서 벗어난 채 백지의 상태에서 상상력을 피워올리고 있기 때문이다. 그는 최대한 자신의 의식을 비운 채 중립적이고 투명하게 사물에 깃들어 있는 어떤 사태를 건져 올리려 한다. 여기서 시인은 사물을 인식의 선험적 보류하에 두고 사물들의 순수 현상을 내적 지각을 통해 그려낸다.

후설Edmund Husserl이 사물을 외부 세계의 객체로 파악하지 않고 의식이 그것을 어떻게 지각하고 경험하는지 분석하려 한 것과 같이, 사물과 의식의 삼투 과정을 통해 그 경험을 낱낱이 드러내고자 하는 현상학적 환원은 손음 시인의 상상력을 추동하는 근본적인 원리이다. 남들이 말하는 "아름다움을 어쩐지 믿을 수 없"(「고독한 건물_악화」)기에, 까마귀에 대해서도 "새까만 검정을 지켜"(「까마귀들」)보는 것이고, 상가에 사는 사람들의 "통증을 숙주처럼 품고" "저 혼자 생각"(「고독한 건물」)하는 건물의 고독에 마음을 기울이는 것이고, "당신이라는 한 마리 슬픔"(「슬픔이라는 당신」, 원제 「검은 피아노」)에 공명하는 것이다.

우리가 사는 상징계의 모든 것은 언어로 질서화되어 있다. 따라서 주체는 언어적 기호들로 호명되며 자신을 나타내야 하므로 주체는 항상 타자의 시선과 의미 체계 안에서 자신을 드러낼 수밖에 없다. 가령, 화분이 "화분이라는 이름을 뒤집어쓰고 종일 비를 맞"(「화분」)듯이 말이다. 여기서 상징계를 통해 억제되거나 규범화되지 못하는 것들 – 언표화되지 못하는 고통, 가공할 공포와 압도적 현실,

제어되지 못하는 원초적 욕망 등 - 은 어떤 모습으로 드러나는가? "가면을 쓰지 않으면 본질은 참혹하다"(「꽃나무」)는 시구 속에 담긴 대상의 에이도스eidos는!

시 쓰기의 영도零度

바르트Roland Barthes는 자신의 책 『글쓰기의 영도』에서 말하는 영도Degré zéro란 이념이나 감정, 의미의 개입 없이 언어가 스스로 말하게 하는, 누보로망 계열의 소설에 등장하는 중립적 서술 스타일을 가리킨다. 가령, 카뮈의 『이방인』에서 '뫼르소'가 어머니의 장례식에서 보여주는 냉담한 태도는 작가의 중립적 자세에 근거하며 이는 인간 경험의 무의미함과 부조리를 드러냄과 동시에 인물의 태도에 대한 다양한 해석의 여지를 남긴다. 이렇게 특정 가치와 사회적 규약으로서의 감정을 탈색시키고 끊임없이 확정적 의미를 '보류'해 나가는, 손음 시에서 찰견되는 백색의 글쓰기는 "어떤 무無 속에서 말을 태경으로 행복하게 솟아오르"고 "이런 무로부터 출발한 글쓰기는 점진적인 응결의 모든 상태를 통과"(바르트, 『글쓰기의 영도』)하게 된다.

  여름, 폭염 속 멈춰진 차량 행렬 속에서 흐르듯 움직이는 사람들을 본다 검은 가로수와 혓바닥을 할할거리며 끌려가는 개들과 열기를 뿜어내는 자동차들과 열락의 숫자 0 그 속에 갇힌 진공관, 그대로의 도시 풍경을 바라보고 있으면 고통과 굴욕의 빛깔과 인간과 사물들이 하나의 허상이라는 생각. 깊이를 가늠할 수 없는 늪 하나를 가지게 되는 여름, 계속해서 발랄한 권태가 밀려온다

―「파상」 전문

  여기서 "여름, 폭염 속 멈춰진 차량 행렬"은 화자에게 파상波狀, 즉 하나의 물결로 인식된다. 이 도시의 흐름 속에는 검은 가로수와 끌려가는 개들과 열기를 뿜어내는 자동차들이 연쇄적인 흐름으로 이어진다. 여기서 주체는 의

지가 결여되어 있으며 단지 물결 속에 무의지적으로 내맡겨져 있는 상태이다. 이러한 도시 풍경은 화자에게 "고통과 굴욕의 빛깔과 인간과 사물들이 하나의 허상"이라는 생각을 낳게 하고, 저 제어할 길 없는 도시 문명의 파상적 흐름을 "깊이를 가늠할 수 없는 늪"으로 인식하게 한다.

 이 안에서 배태되는 궁극의 감정은 바로 "권태"다. 여기서 모든 감각과 욕망이 마비된 정서적 공허를 의미하는 권태의 감정은 근대 도시에서 경험하게 되는 정서적 둔화 blasé attitude를 의미하며 이는 멜랑콜리와 단짝을 이루는 근대 도시인의 병리적 특성이다. 문제는 이 시에서 최후의 감정으로 발생하는 권태가 "발랄"하다는 데 있다. 이는 멜랑콜리와 권태의 감정이 유희적이고 감각적인 시적 순간을 포착하게 하는 근대의 기조화성이라는 데 그 이유가 있다. 보들레르Charles Baudelaire가 멜랑콜리를 아름다움과 혼합된 고통으로 묘사한 것과 같이 권태라는 감정은 심미적 가치를 발견하는 미적 통찰의 계기로 작용한다.

 파상·흐름·늪으로 받아들여지는 도시적 삶은 진공관이라는 갇힘 속에서 발생하는 비정상적인 활성화("열락의 숫자 0 그 속에 갇힌 진공관")의 상태이며, 이러한 모순적이고 부조리한 도시적 삶에 대한 화자의 냉담하고 관조적 태도는 손음 시인이 도시의 고독한 사물들을 관찰하는 근본 기분으로 작동한다. 이러한 맥락에서 시인은 수많은 사물들이 뒤엉켜 있는 도시적 삶 속에서 "최선을 다해 슬픔이 생겨"(「밤의 희망과 창백한 고요」)나는 내면의 과정을 창백하게 그려낸다.

불안, 유일한 자기

불안은 일종의 이상한 자유다. 자유 혹은 자기 선택권이 없다면 불안도 없다. 이는 사르트르Jean-Paul Sartre의 『구토』에서 로캉탱이 자신뿐만 아니라 자신을 둘러싼 모든 존재들이 단지 거기 있을 뿐이며 그것의 존재 이유와 가치가 없다는 데에서 느끼는 신체적 반응인 구토와 유사하다. 실존주의에서 말하는 자유 속에는 그렇듯이 인간은 정해진 목적 없이 스스로 의미를 창조해야만 하는 조건이 내포되어 있다. 그런 의미에서 로캉탱이 느끼는 불안은 자신의 존재 이유를 찾을 수 없다는 자유에의 억압에서 비롯한다.

 나는 미리 불안이다 불안이 없어서 불안이다 불안은 나의 몸에서 여관처럼 잠을 자고 커피를 마신다 불안은 예쁘고 젊다 늙지 않는다 불안은 화장도 하고 치마도 입고 밥도 먹고 살이 찐다 불안은 나의 여섯 살 흙더미에 반쯤 파묻힌 사금파리, 불안은 나의 열다섯 해변에 떠밀려온 검은 옷, 불안은 내가 스물이고 서른이었을 때 정원에 참혹하게 핀 작약, 불안은 맹렬한 청춘의 번역 비루한 애인의 은유 불안은 수평선 고깃배 한 척 불안은 팔리지 않는 시장의 야채 불안은 창문 불안은 서 있는 가로수 불안은 나뭇잎의 바이브레이션 불안은 신호등의 붉은 장미 불안은 버스를 타고 지하철을 탄다 이 모든 소용돌이 속으로 사라졌다가 다시 나타나는 불안 불안은 운다 웃는다 불안은 내가 마흔이 넘었을 때도 내가 늙어 아줌마가 되었는데도 불안은 엄마처럼 찾아와 불안을 젖 먹인다 불안은 내 어깨를 누르고 내 신발을 신는다 불안은 웃고 떠들고 글을 쓰고 여행을 가고 책을 읽는다 불안은 아름답다 빈집의 깨진 접시와 소파 목욕탕 굴뚝 불안은 먹이를 찾아 날아온 새 한 마리 불안은 가난한 사람들이 나눠 가지는 비밀 불안은 이삿짐 용달 불안은 옆집 아주머니의 흥얼거림 불안은 내가 버린 가방 내가 심어놓은 꽃 불안은 의자에 앉아 언제나 나를 기다린다 불안은 나를 끌어안는다 꽉 끌어안는다 온몸으로 들어와 증상을 만든다 미치도록. 불안은 내 미래까지 찾아와서 끝없이 증상을 만들 것이다 나는 머잖아 내 몸으로부터 쫓겨나게 될 것이다

─「내 곁의 더운 혓바닥」 전문

 이 시에서 불안은 존재 그 자체로 그려진다. 예쁘고 젊고 늙지 않는 불안은 "엄마처럼 찾아와 불안을 젖 먹"이며 온 생애에 달라붙어 있다. 또한 불안은 우리 삶 전체에 고루 포진되어 있어, 그 속에서 드러나는 일체의 증상

들은 이 불안에서 비롯된다고 할 수 있다. 그리하여 불안은 "웃고 떠들고 글을 쓰고 여행을 가고 책을 읽는" 일상적 행위의 동인이 된다. 이 시에서 화자는 미리 불안하고 불안이 없어 불안하다고 말한다. 이는 로캉탱이 그러했듯 자아가 존재와 마주하는 방식이며, 그것은 끝없는 불안과 무의미함 속에서 계속 반복되는 경험이다.

 이때 시 쓰기는 결핍의 상징화로 기능한다. 시 쓰기는 결핍을 드러내는 동시에 무의식적 불안을 언어의 리듬과 이미지를 통해 구조화하며 불안의 실체를 언어화한다. 그런 의미에서 불안은 시 쓰기의 동력이며 욕망은 수많은 증상들 사이를 미끄러져 "내 몸으로부터 쫓겨나게 될" 때까지 대체적 대상Objet-petit-a에로의 치환을 연속한다. 따라서 시란, 시 쓰기란 일종의 '환몽'과도 같은 것이다. 시인은 시 쓰기를 통해 "가난한 불안을 꼬옥 껴안아" 주며 "많이 힘들었구나"(「환몽幻夢」) 작은 위무를 더 한다. 그는 "내 존재의 한 조각이 만일 해방을 가진다면 나는 아무래도 떠날 수 없을 것이다 내가 가지는 해방은 무엇인가"(「고독한 건물」)라고 말하며 결핍과 불안의 구조가 연속

될 수밖에 없음을 알고 있다. 그러나 꽃이 그러하듯 뿌리의 생각이 아름다움에 닿는 순간의 희열, 그 찰나의 쥬이상스를 포기할 수는 없다. "정원에는 무엇이든 소멸하고 생성된다 작년에 죽은 배롱나무는 꿈결같이 살다 갔다 꽃은 뿌리의 생각이 치밀어오를 때 가장 아름답"(「고독한 건물_정원」)기에!

사물의 현상학

시인은 상징계의 이방인이다. 상징계의 질서를 구조화하는 언어를 매개로 하지만 그 언어의 팔루스는 의미의 반대 방향으로 작용하기 때문이다. 우리 주변의 모든 사물은 이름을 갖고 있다. 이름은 사물의 존재값이며 이름이 없는 것은 존재하지 않는 것과 같다. 이 상식적인 말은 시적 운동의 벡터를 잘 설명해 준다. 이는 규율과 질서에 대한 반작용이며 존재 위에 기입된 결핍의 기호(/)를 걷어내는 작업이다. 사물에 대한 현상학적 환원이라는 손음 시인의 시적 의도는 바로 이러한 맥락에서 의미를 지닌다.

    건물의 시간은 정오부터 석양까지
    사각형의 건물은 단순하게 빛난다
    하얀 셔츠들의 나부낌과 떠드는 소리 빛의 잔해가 저기 있고
    어떤 작업자가 이 공간은 재즈가 어울린다고 말하자
    얼굴이 기름한 사람들의 재즈가 시작되었어
    사방에서 난입 된 빛과 소나무와 의자와
    서랍과 긴 테이블 하나가 오후를 가지고 가지
    바다 위의 배들을 관람하는 사람들
    저것은 지상에 불시착한 우주선 같아
    흰색의 섬은 고독하게 떠도는 주택 한 채
    이 순간 어떤 아름다운 형용사를 사용할 수 있지만
    권태로울 권리와 공허할 권리 사이에서
    검고 음울한 노래를 만들 거야
    상냥하고 은밀하게 오는 연서처럼

귀로 발목으로 연주되는 슬픔 같은 거
오늘의 날씨는 서쪽에 살림을 차렸군
저곳에 송도가 있네 남항대교가 있네
살아 있다는 은총 현상을 만나는 곳에서
우리는 어떤 몽환의 꿈에 끌려들어 가겠네
바람의 냄새를 따라
배들의 몸은 해가 지는 방향으로 기울어 있고
절망이라는 어제의 기억은 소용돌이 형태로 몰아치지만
모든 것은 두 극단 사이에 있고
이제 그 밖으로 벗어나고 싶지 않아
강렬한 픽션이 몸을 통과하면서

― 「고독한 건물_묘박지」 전문

 시인은 "권태로울 권리와 공허할 권리 사이에서" 시어를 빚는다. 이를 통해 만들어진 "검고 음울한 노래"는 "상냥하고 은밀하게 오는 연서" 같아서 우리를 시나브로 몽환의 세계로 이끈다. 선행적 의미가 소거된 채 이 시는 시작된다. 정오부터 석양까지 사각형의 건물이 단순하게 빛난다. 이것이 건물의 시간이다. 그래서 어쨌다는 건가? 의미는 없고 이미지의 기표성만 강조된 상황, 이것이 시인이 추구하는 시적 전략이다. 그 안엔 보이는 대로, "하얀 셔츠들의 나부낌"과 "떠드는 소리 빛의 잔해"와 재즈가 있다. 사방에서 난입 된 빛과 소나무와 의자와 긴 테이블은 오후의 시간을 가지고 간다. 철저하게 사물과 현상이 주체가 된 물주物主의 상황이라 할 수 있다.

이어 화자의 시선은 "바다 위의 배들을 관람하는 사람들"로 옮아간다. 그 묘박지의 배들은 "지상에 불시착한 우주선" 혹은 "고독하게 떠도는 주택 한 채"로 비유되는데, 이 풍경에 대해 화자는 "아름다운 형용사"를 폐기하며 검고 음울한 노래, 상냥하고 은밀하게 오는 연서 같은 슬픔을 꿈꾼다. 이는 화자에게 "살아 있다는 은총 현상을 만나는" 지점이며 여기서 발화된 욕망의 팔루스는 상징계의 질서 저편의 "몽환의 꿈"을 향해 달려 나간다, "바람의 냄새를 따라", "강렬한 픽션이 몸을 통과하면서"!

한 장씩 파도를 받아본다
파도 속에 무엇이 들어있나
일간지처럼 성실하게 배달되는 슬픔
슬픔을 후벼파고 나면
산문처럼 밀려오는 것들
잠시 동안
눈을 감았는데 생겨나는 노을
어디든 번져나간다

사람들은 해변으로 와서
웃고 떠든다
웃고 떠드는 것만이 그들을 에워싸고 있다
그들은 슬픔을 위로할 줄 아는 전문가

해안선이 뒤엉킨다
오래 슬픔에 붙들려 슬퍼하다 보니
슬픔도 내 몸에 살고 있는 장기臟器라는 생각
속수무책
날마다 나에게 슬픔을 갖다 바치는 것들

슬픔도 무엇도 괜찮다
모래톱에
사람들이 벗어두고 간
발목이 쌓인다
혹시라도 남아 있는 슬픔을 모두 벗어두고 가는
전문가들

— 「해변의 전문가」 전문

 시인에게 파도는 슬픔의 겹이다. 파도는 말하지 않아도 배달되는 일간지 같은 슬픔을 켜켜이 품고 있어, 슬픔은 긴 산문처럼 밀려 나온다. 파도가 우니, 부서지니, 엎어지니 했던 무수한 클리셰들은 거세되고 이제 파도는 한 장 한 장 받아보는 슬픔의 산문이다. 화자가 이렇게 파도를 보고 있는데, 사람들은 해변에서 웃고 떠든다. 이들을 가리켜 화자는 "슬픔을 위로할 줄 아는 전문가"라고 말한다. 화자가 갖지 못한 감정의 조련술을 지니고 있기 때문이다. 눅눅한 슬픔쯤이야 경쾌한 웃음으로 한 방에 날려

버리는 사람들과는 반대로 화자는 "오래 슬픔에 붙들려" 있어 차라리 "슬픔도 내 몸에 살고 있는 장기臟器"라고 생각한다.

 해변엔 슬픔을 티톡스한 사람들의 발목이 쌓여 있다. 모든 슬픔을 남김없이 벗어두고 가는 전문가들. 그러나 그들에게 슬픔이 없겠는가. 화자는 슬픔 중독자, "이상한 슬픔을 만드는 사람"(「나의 백 년 전」)이기에 슬픔이 벗기고 근친이다. 슬픔의 심안으로 바라본 세상이 한 장 한 장 여기에 스며 있어 어디를 후벼파도 눈물이 배어 나올 것 같다. 그리하여 손음 시인의 시는 사물에 의탁한 슬픔의 현상학이라 해도 무방할 것이다. 그에겐 건물에 늘어진 전선 하나도 외로운 목숨이다. "검은 전선 하나가 목이 축 늘어진 채 살아 있다 저렇게 외로운 목숨이라니! 정오의 바탕은 저기에 있다 저것은 한여름의 목도리야 파이프야"(「고독한 건물_정오」) 이것이 그늘 한 점 없는 쨍쨍한 정오에도 어딘가 숨어 있는 슬픔의 바탕, 슬픔의 심연이다.

사물성과 최후의 질문

"삶은 죽음을 좋아하지 않고 허무를 좋아하지 않고 삶만 좋아해달라고" 하지만 시인은 정작 "어떤 괴로운 순상 너머에 있는 중독자"(「밤의 창고에 등불을 켜는 이가 누구인가」)였다. 이러한 감정의 자해는 19세기말 프랑스 데카당스 문학의 저류 속에 담긴 앙뉘ennui의 감정적 사태와 유사하다. 이는 단지 개인의 정신적 우울과 권태를 지칭하기보다는, 도시 사색자인 이방인에게는 현대 문명이 만들어낸 정신적 공허와 그에 대한 반작용으로서의 의미를 지닌다. 보들레르가 「독자에게」에서 읊조린 "눈에는 본의 아닌 눈물 머금고, 물담뱃대 피워대며 단두대를 꿈꾸"(보들레르·황현산 역, 『악의 꽃』)는 바로 그 권태라는 괴물 말이다.

손음 시인이 바라보는 고독한 건물로 상징되는 사물성 objecthood은 관찰과 탐미라는 관람자의 공간 속어 존재하는 물리적 사물로 기능하는 것일까. 시인의 슬픔 어린 시선 저편의 아득한 소실점에는 끝내 포기할 수 없는 그 무엇이 구원처럼 자리하고 있다. 물론 그것은 말하지 못한 최후의 질문과 같은 것이어서 보는 자에게만 보이는 것이겠지만, 나는 분명 그것을 보았고 지금 마지막으로 그것에 대해 쓰려고 하는 참이다.

 나는 이 아름다움을 어쩐지 믿을 수 없다 꽃이라는 덩어리 그것은 하나의 불안이고 우울이다 벚꽃이 필 때는 정신이 없다 상가의 점포마다 저녁 배달 준비가 바쁘고 매캐한 양념이 밴 음식 냄새가 고스란하다 저녁 해가 들어오는 창밖은 말할 수 없는 풍경이다 그것은 내 삶이 갖지 못하는 화려함을 반영하면서 슬프다 건물과 나는 나란히 앉아 알 수 없는 생각으로 시간을 보낸다 커튼을 젖혀놓고 벚꽃의 그림자를 본다 창의 안쪽에는 한 사람의 무늬가 있고 며칠째 걱정한 사람의 안부도 가지고 있다 그것은 정확한 자의식 없이도 어떠한 장면을 만들어 내고 있다 창의 건너에는 콘크리트로 만든 조그마한 창고가 들여다보이고 오래된 빨래 더미 잡동사니와 망가진 의자 등속이 보인다 낡고 초라함이 가지는 아름다움은 무엇인가 벚꽃은 창밖에 있고 나는 창의 안쪽에 서 있다 차갑고 흰 불꽃 한 다발을 바쳐야 할 사람이 있는데 그는 지금껏 돌아오지 못하고 있다 나는 텅 빈 사무실이 되어 있다 이유를 알 수 없는 한낮의 실수를 생각한다 그건 늘 가지게 되는 미분 덩어리, 내면의 어떤 모나드Monad 같은 것. 밖의 사람들은 흰빛을 머리에 이고 정령처럼 이동한다 벚꽃은 은밀하고 벚꽃은 시끄럽고 벚꽃은 바쁘다 벚꽃은 왜 피어서 지랄인가

―「고독한 건물_약화」 전문

　여기서 화자의 시선과 사물을 중개하는 "내면의 어떤 모나드Monad"는 멜랑콜리다. 이는 심리적으로 회수되지 않는 감정으로 부유하며 현실을 인식하는 하나의 각성기제로 작동한다. 이때 멜랑콜리는 하나의 세계감世界感으로서 긴 공전 궤도를 가진 토성의 영향 아래under the sign of saturn 놓인 시인의 감수성을 우울한 열정으로 부조한다. 그리하여 수전 손택Susan Sontag은 이렇게 썼다. "우울한 인간은 세상이 사물이 되는 것을 본다. 그것은 피난처, 위안, 환희다."(수전 손택, 「토성의 영향 아래」, 『우울한 열정』)라고!
　화자는 꽃의 아름다움이라는 선험적 전제를 부정한다.

그것이 명백하게 아름다워야 할 이유가 없기 때문이다. 아도르노가 말하듯이 미美는 플라톤이 생각하는 것처럼 "순수한 시초"가 아니다. 반대로 추醜 역시 "역사적이고 매개된 범주"다. 화자에게 꽃은 불안이자 우울로 다가온다. 그것은 신기루 같은 것이기도, 이 황폐한 세계에서 돋아난 이질적인 대상이기도 하다. 그는 저녁 무렵 분주한 도시의 풍경을 바라보며 "내 삶이 갖지 못하는 화려함을 반영하면서 슬프다"고 말한다. 이 시의 제목이 고독한 건물이고 부제가 악화이듯이, 화자는 건물과 하나가 되어 악화되어 가는 시선을 견딘다.

며칠째 걱정하고 있는 사람의 안부는 화자의 자의식 속에서 하나의 장면이 되고, 창문 너머로 보이는 낡고 초라한 것들이 가지는 아름다움을 생각한다. 오래된 빨래 더미와 잡동사니와 망가진 의자도 나름의 존재값이 있으니 그것이 가지는 심미가 없을 리 없다. 아도르노에 따르면 "원시 시대의 종교적 마스크가 보여주는 고대적 추함은 '후회'의 형식을 통해서 본질적으로 공포를 모방한 것"이었다. 여기서 창밖으로 보이는 기레빠시きれっぱし들은 화

자의 시선에선 관념적인 형태의 선험적 미를 지닌 꽃과 다른 묘한 동일시의 감정을 불러일으킨다. 이것은 화자가 가지지 못한 화려함의 반영물이며 후회의 형식으로 나타난 추의 대상이기 때문이다.

이제 화자는 "텅 빈 사무실" 자체가 되어 있다. 이어 한낮의 실수를 생각한다. 그것은 알 수 없는 것이 나로 하여금 행하게 하는 과실이자 결과적으로 늘 감내해야 하는 의식 상의 "미분의 덩어리"다. 창밖의 사람들은 정령처럼 분주하게 이동한다. 화자는 벚꽃을 향해 말한다. "왜 피어서 지랄인가"라고. 이처럼 선험적 미의식을 거부하고, 꽃이라는 관념적 미적 대상을 부정하는 시인의 의식은 멜랑콜리를 배면에 깔고 있는 단독자이자 미학적 길항자이다. 이 토성의 기질을 아무나 가질 수 있는가. 그것이 곧 쌓이고 쌓이는 쓰레기들의 인류세를 사는 인간이 가질 수 있는 최후의 윤리인 것을!

어떤 죄가 절을 사라지게 하였을까

아무도 아는 이를 만나지 못하고
오후의 잔흔은 어지럽다

연못은 무성한 풀숲으로 눈을 가린 채
혼자 누워 연민한다
어떤 죄가 저리 많은 것을 폐기하였을까
연못에 빠져 죽은 목련 나무와 동백나무
젊고 아름다운 귀신과
검은 물에 비친 이상한 그림자에 대해
어느 밤 사라진 불상에 대해
초승달 목탁 소리에 대해
이 모든 죄에 대해 말하지 말자
오래된 연못은 무엇이든

내게 고백하고 싶겠지만
어두운 낯빛으로 앓아누워 있을 뿐
어제는 고양이 사체가 오늘은 생나무 가지가
연못의 심장을 누르고 있다

슬픔을 숨기느라 비밀을 숨기느라
무엇이든 받아들이는 시간이 따로 있다
나뭇잎 하나가 툭, 돌멩이처럼 떨어진다

집으로 돌아와 세수하고 거울을 보는데
잠잠 연못이 떠오른다
밥을 먹을 때도 잠을 잘 때도
살아 있다는 것의 질문처럼
나는 왜 이런 것들이 오래도록 슬픈가

헛것처럼 앉아 있다가
결국에는
다시 저 연못의 구멍이다

―「폐사지 연못」 전문

  시인은 "왜 이런 것들이 오래도록 슬픈가" 생각한다. 시인은 객관적 상관물을 찾아 나서는 자다. 이 용어는 너무도 평범하여 거의 사어死語처럼 취급받는 진부한 개념이다. 그러나 보라. 시인이 문득 무엇인가를 발견하는 순간, 시가 벼락처럼 내리는 순간은, 바로 자아의 상태와 등가적인 사물·상황·사건을 포착했을 때이다. 그 희열의 감정이 바로 시작 노트를 꺼내게 하는 힘이다.

여기 폐사지 연못이 바로 그것이다. 시인은 "무성한 풀숲으로 눈을 가린 채/혼자 누워 연민"하는 폐사지 연못을 보고 이를 마음속에 들인 채 연못의 구멍 속에서 헤어 나오지 못한다. 그 물음은 "어떤 죄가 절을 사라지게 하였을까"에서 출발한다. "오래된 연못은 무엇이든/내게 고백하고 싶겠지만" 화자는 아무 얘기도 듣지 못하고 "어제는 고양이 사체가 오늘은 생나무 가지가/연못의 심장을 누르고" 있을 뿐이다. 죄는 한순간이겠지만, 그로 인해 "슬픔을 숨기느라 비밀을 숨기느라/무엇이든 받아들이는" 속죄의 시간은 길고도 길다. 폐사지의 연못은 알 수 없는 오래전 죄로 인해 지금도 그 죗값을 받고 있는 중이다.

화자는 집에 돌아와 일상을 보내지만 폐사지 연못은 자꾸만 떠오른다. 왜 화자에겐 "이런 것들이 오래도록 슬픈가" 그것은 앞서 말한 바와 같이 폐사지 연못에서 자신의 모습을 발견했기 때문이다. 슬픔을 숨기며 비밀을 숨기며 오래된 연못처럼 고여 무엇이든 받아내는 자신을 폐사지 연못에서 찾은 것이다. 그렇다면 손음 시인이 견디고 있는 앙뉘의 상황은 곧 속죄의 시간인 셈이다. 불행 앞에선 사람들은 흔히 말하곤 한다. 내가 무슨 죄를 지었기에……. 그렇지 않고선 현재의 아픔이 슬픔이 증명되지 않기 때문이다. 시인은 고통의 원인을 타자에게서 찾지 않고 자신에게서 찾는다. 그리하여 그 무수한 성찰의 순간은 우리 문학사에서 주로 속죄양의 모티프로 외화된다.

손음 시인이 불러들인 사물들의 묘박지, 최후의 질문은 바로 여기에 있다. 그에게 시 쓰기는 속죄이고 수많은 죄를 묵묵히 받아내는 대속의 순간이다. 폐사지 연못처럼 말이다. 내가 이렇게 괴로운 것은 다 "지나간 죄가 있을 것"이기 때문이다. 그러기에 그는, 감히 우리는, "격발되듯 피는 꽃과 햇볕"이 스미든, 누구나 선망하는 "관능적인 색깔"의 "빨주노초파남보 아름다움"에 괴로움을 느끼고, 외려 "혼란한 꿈속에서" "거처도 없이/흐린 낯빛에 박힌 슬픈 안구를 가지고"(「환희」) 사는 것이다. 이 깊고 넓은 슬픔의 그늘이 고독한 건물, 저 캄캄한 지하실에 숨어 있는 문학적 윤리다. "나의 천국과 지옥은 한 몸에서 아이를 낳고 서로 사무"(「사라진 계단」)친다는 그에게, 나는 그의 시를 되돌려 준다. "당신의 연주는 멈추지 말아야 할 슬픔이군요/생이란 원망의 힘으로 밀고 나가는 것"(「슬픔이라는 당신」)이라고. "운명은 나누어 가질 수 없"으나 이렇게 공명하기에 서로를 위무할 수 있는 것이라고.

지은이 손음

97년 《부산일보신춘문예》, 《현대시학》으로 등단하였으며
시집으로 『칸나의 저녁』, 『누가 밤의 머릿결을 빗질하고 있나』가 있다.
현재 웹진 문예지 「같이 가는 기분」 발행인이다.

같이 가는 시 010
고독한 건물

2025년 3월 18일 초판 1쇄 발행

지은이　　　손음
발행인　　　손순미
펴낸곳　　　도서출판 **같이 가는 기분**
표지디자인　손음
출판등록 제 333-2024-000037호
부산광역시 해운대구 대천로 187 305호(좌동, 해운대화목타운)
전　화 010 9808 0157
이메일 design6167@naver.com
ISBN 979-11-990584-1-5(02810)

값 13,000원

*본 도서는 부산광역시, 부산문화재단〈부산문화예술지원사업〉으로 지원을 받았습니다. 부산광역시 부산문화재단

*잘못 만들어진 책은 교환해 드립니다.

MGT THEMOODINGOINGTOGETHER

같이 가는 시
목록

001
002
003
004
005
006
007
008
009
010 고독한 건물 손음